Ein Sonderband der Herderbücherei

Adalbert Ludwig Balling

Manchmal träum' ich Märchen an den Himmel

Von der Sehnsucht der Menschen

Fotografie und Gestaltung:
Werner und Norbert Bleyer

Herderbücherei

Für alle,
deren Sehnsucht
unstillbar ist,
die jedoch ahnen,
daß am Ende
alle Sehnsucht
übergeht
in beglückendes
wohl-wollendes
Schweigen . . .

Originalausgabe
erstmals veröffentlicht als Herder-Taschenbuch
Fotos: Norbert Bleyer (11), Werner Bleyer (22), Hartmut Schmidt (1)

Herder Freiburg · Basel · Wien
Satz: Freiburger Graphische Betriebe
Reproduktionen: Repro Color Weinacker GmbH, 7835 Teningen
Herstellung: Freiburger Graphische Betriebe 1992
ISBN 3-451-22883-1

Wenn du Tränen vergießt,
weil du die Sonne nicht siehst,
siehst du auch die Sterne nicht.

Tagore

Kein Dichter, kein Philosoph, kein Mystiker – der nicht Sehnsucht in sich spürte. Kein Mensch, der nicht – mal stärker, mal weniger stark – ein Sehnen in sich wahrnähme, das letztendlich nicht zu greifen, nicht zu deuten, nicht zu beschreiben ist. Denn Sehnsucht läßt sich nicht erklären.

Novalis hat zwar vermerkt: „Philosophie ist Heimweh – die Sehnsucht, überall zu Hause zu sein." Und der neuzeitliche Philosoph Ernst Bloch schrieb einmal: „Es kommt darauf an, das Hoffen zu lernen." Gewiß. Sehnsucht ist Hoffen; ist Langen nach Jenseitigem, nach Ewigem. Der Dichter Eugene Ionesco hat es denn auch beim Namen genannt: „Im Kreise gehen die Menschen – im Käfig ihres Planeten, weil sie vergessen haben, daß man zum Himmel aufblicken kann." Und als man die Schriftstellerin Brigitte Kronauer fragte, was sie gerne sein möchte – wenn sie einen besonderen Wunsch frei hätte –, antwortete sie: „Die Milchstraße, wenn auch nur einen Augenblick lang . . ."

Wenn es auch kaum einen Poeten von Rang gibt, der nicht über die Sehnsucht geschrieben hätte, erklären, was Sehnsucht ist, konnte keiner. Vielleicht mit am intensivsten, ja geradezu weh-mütig, schrieb der Inder Rabindranath Tagore: „Durch deine Sterne blickst du tief in meine Träume hinein; du sendest deine Geheimnisse auf deinen Mondstrahlen zu mir, und ich denke darüber nach, und Tränen verschleiern meine Augen . . . Das stille Antlitz der Erde, die sich in ihrem Herbstnebel einspinnt, erweckt Sehnsucht in meinem Herzen; wenn sie auch ungestillt bleibt, es ist schon beglückend, den Schmerz der Sehnsucht zu fühlen."

Mit Sehnsucht ist Schmerz verknüpft. Sich sehnen, tut weh, verursacht Leid. Johann Wolfgang von Goethe schrieb das (mittlerweile geflügelte) Wort: „Nur wer die Sehnsucht kennt, weiß, was ich leide." Viele Generationen von Menschen vor und nach Goethe haben die Wahrheit dieses Wortes erfahren. In der Deutung dieser Ur-Sehnsucht kamen indes auch sie nicht weiter.

Das deutsche Wort Sehnsucht – kaum in andere Sprachen übersetzbar – hat viel Gemüthaftes an sich. Man denkt meistens auch an Romantik, an Idylle – oder an all jene, die einst „die blaue Blume" suchten. In Wirklichkeit kommt das Wort Sehnsucht, so die

Etymologen, nicht von „suchen", sondern von „siechen". Also ein „Kranksein am Sich-Sehnen" (J. Bours)!

Wenn diese Wort-Deutung stimmt, dann wäre der Mensch am Ende ein Ver-wundeter; von der Sehnsucht ver-wundet.

Wir wissen, die Menschen waren schon immer Sehn-Süchtige. Zu allen Zeiten und Epochen. Sie sehnten sich seit Urzeiten nach etwas, was sie nicht greifen konnten, und sie suchten und suchten und wurden krank darüber: sehn-süchtig. Bei allen Völkern treffen wir auf dieses Phänomen der Sehnsucht. Im Alten Testament war es das sehnsüchtige Erwarten des Messias; ein Heimweh des Volkes nach seinem Heiland und Erlöser. In den frühen Mythen anderer antiker Stämme klingt Ähnliches an. Man denke nur an das berühmte Gilgamesch-Epos aus dem babylonisch-assyrischen Kulturkreis!

In der christlich verstandenen Theologie des Advents wird dieser Gedanke weitergeführt. Die Sehnsucht der Völker und die Sehnsucht des einzelnen Menschen war zwar nicht zu allen Zeiten gleich intensiv, aber sie war wohl immer vorhanden. Die alten Ägypter beispielsweise bauten Pyramiden – aus Sehnsucht auf das Leben nach dem Tod. Der prähistorische Felsendom von Newgrange in Irland spricht die gleiche Sprache. Und die mittelalterlichen Weisen von Samarkand betrieben vorwiegend deshalb Astrologie, weil sie sich erkunden wollten nach dem, was „jenseits der Sterne“ auf die Menschen zukomme – nach ihrem Dahinscheiden.

Im Christentum wurde diese Sehnsucht der Menschen zur Gottes-Suche. Fromme Mönche – so wird in unzähligen Legenden überliefert – machten sich immer wieder auf den Weg, Gott suchend. Der „Russische Pilger“ war davon ebenso voll wie die Wallfahrer auf dem Weg nach Santiago de Compostela. Sogar die Minnesänger boten in ihren Liedern immer wieder neu an, was – wie sie selber wußten – kein Mensch je geben konnte: Erfüllung der Sehnsucht, Erfüllung der Minne, der Liebes-Sehnsucht. Ähnliches klingt in vielen Volksmärchen und Mythen anderer Völker an. Ob sie nun von der Milchstraße träumen, wie die Inkas in Südamerika, oder vom Sterntaler, wie im Märchen der Brüder Grimm, ob afrikanische Sagen oder chinesische Fabeln, fast überall, wo Märchenhaftes weitergegeben wird, spürt man die Sehnsucht der Menschen – ihre Sehnsucht nach Ewigem, Zeitlosem; ihre Sehnsucht nach Glück und Erfüllung, nach Zärtlichkeit und Liebe. Denn: „Alle Welt will Lust, will tiefe, tiefe Ewigkeit!“ Das hat Friedrich

Nietzsche nicht anders erahnt als Goethe, Hesse oder Heine, Shakespeare nicht anders als Dante, Rainer Maria Rilke nicht weniger vehement als Heinrich Böll, der in einem Interview einmal zu Recht darauf hinwies, „daß wir alle eigentlich wissen – auch wenn wir es nicht zugeben –, daß wir hier auf Erden nicht ganz zu Hause sind."

Der französische Therapeut Jacques Lacan machte sogar darauf aufmerksam, daß er im Laufe der Jahrzehnte seines Umgangs mit Menschen zu der Überzeugung gekommen sei, daß der Mensch eigentlich so definiert werden müsse: Ein Sehnsüchtiger! Lacan benützt das französische Wort „désir". Und weil, so Lacan weiter, diese Sehnsucht des Menschen grenzen- und maßlos sei, beschwere sie ihn auch, füge sie ihm Leid zu.

Diese eher leidvolle Sehnsucht muß nach den Worten des österreichischen Theologen Paul M. Zulehner nicht abgebaut werden, wohl aber müsse der Mensch im Laufe seines Lebens lernen, mit diesem „Überschuß an Sehnsucht" zurechtzukommen. Lernen heiße – mit der Sehnsucht leben lernen!

So gesehen, liebe Leserinnen und Leser, ist die Auswahl jener Sehnsuchts-Worte, die in diesem Band aufgenommen wurden, so leicht nicht gefallen. Es gibt Tausende und Abertausende. Aber vielleicht finden Sie hier doch das eine oder andere Wort, das Sie ganz persönlich anspricht. Vielleicht stoßen Sie auf Denk-Anstöße, die Ihnen weiterhelfen, auch in Ihrem Alltag. Vielleicht nehmen Sie diese Texte mit in Ihr Leben hinein. Ich meine, es lohnt, darüber nachzudenken, immer wieder einmal.

Und wenn Ihnen dieses Buch etwas mit auf den Weg geben will, dann auch dies: Sie zu ermuntern, weiterhin Märchen an den nächtlichen Himmel zu träumen, Märchen der Sehnsucht – auch der Sehnsucht nach Gott.

Adalbert Ludwig Balling

Manche Menschen kennen
die Arten der Gräser oder der Fische;
ich kenne die Arten der Einsamkeit;
manche wissen die Namen der Sterne;
ich weiß die Namen der Sehnsucht . . .

Nazim Hikmet/Türkei

Solange du nach dem Glück jagst,
bist du nicht reif zum Glücklichsein.
Und wäre alles Liebste dein.
Solange du um Verlorenes klagst
und Ziele hast und rastlos bist,
weißt du noch nicht, was Friede ist.
Erst wenn du jedem Wunsch entsagst,
nicht Ziel mehr noch Begehren kennst,
das Glück nicht mehr mit Namen nennst,
dann reicht dir des Geschehens Flut
nicht mehr ans Herz – und deine
Seele ruht.

Hermann Hesse

Stille Sehnsucht und tiefe Ehrfurcht
sprechen aus den Worten
des tschechischen Dichters Jaroslav Seifert,
wenn er zwei Silberpappeln beschreibt,
die hinter einer kleinen Baumgruppe
bei einer Mädchenschule in Prag stehen.
Als man sie,
vor Jahrzehnten, dort anpflanzte,
sei er als kleiner Junge dabei gewesen.
Er habe die Erde in der Grube festgestampft,
rings um die schlanken Stämmchen.
Sie wuchsen nebeneinander,
leise und unauffällig,
immer in gegenseitiger Tuchfühlung.
Und viele Jahre später,
längst ein alter Mann,
habe er wieder vor diesen Bäumchen gestanden.
Und er wartete und lauschte
unter ihren Wipfeln
auf das Rauschen ihrer Blätter:
„Doch kein Lüftchen wehte,
die Bäume bebten nur leise,
wie wenn Liebende einander
Mund auf Mund
Koseworte zuwispern.“

Lehrt eure Schüler
nicht Schiffe zu bauen;
lehrt sie
die Sehnsucht
nach dem offenen Meer!

Antoine de Saint-Exupéry

NIE SIND UNSERE FLÜGEL WEITER GESPANNT . . .

„Sehnsucht ist ein seltsames Gefühl: ein drängendes ‚Lust-Leid-Gefühl'. Das Herz schlägt dabei glücklich und traurig zugleich. Erotik schwingt mit. Wir situieren Liebe und Sehnsucht an der gleichen Körperstelle, nämlich mitten in der Brust auf der Höhe des Herzens, da, wo die an Liebe und Sehnsucht Leidenden ihre Hände hinpressen." So schreibt Peter Schellenbaum in „Die Wunde der Ungeliebten" (München 1988). Und er stellt fragend fest: „Ist nicht gerade die Sehnsuchtsspannung in der Liebe so köstlich: diese aufwühlende Mischung von Stillung und schmerzlichem Mangel? Ist der Jubel der Sehnsucht nicht so hell, weil er so umschattet ist? Kann uns nicht im größten Liebesglück unsägliches Sehnsuchtsleid ergreifen?"

In der Liebe, so fährt Schellenbaum fort, greife Sehnsucht nach vorne ins Noch-Nicht; gleichzeitig weise sie nach hinten ins Nicht-Mehr: „Ein einziger Augenblick der Liebe dehnt sich in fernste Vergangenheit und Zukunft aus . . . Daher sind Momente der Liebe immer auch Momente der Sehnsucht; nie sind unsere Flügel zwischen Vergangenheit und Zukunft weiter gespannt als jetzt."

SAG ES NIEMAND, NUR DEN WEISEN . . .

Sag es niemand, nur den Weisen,
weil die Menge gleich verhöhnt;
das Lebendge will ich preisen,
das nach Flammentod sich sehnt . . .

Keine Ferne macht dich schwierig,
kommst geflogen und gebannt –
und zuletzt, des Lichts begierig,
bist du Schmetterling, verbrannt.

Und so lang du das nicht hast,
dieses: Stirb und Werde,
bist du nur ein trüber Gast
auf der dunklen Erde.

Johann Wolfgang von Goethe

DER EINZIGE SCHUTZ GEGEN DIE ANGST

Sie sei manchmal so grenzenlos traurig,
schreibt Luise Rinser
in ihren Tagebuchnotizen „Bausteine",
daß sie weder mittags noch nachts
schlafen wolle.
Sie habe regelrecht Angst einzuschlafen,
Angst, es könnte etwas geschehen,
wenn sie unaufmerksam und wehrlos schlafe.
Dabei meine sie nicht: Diebe, Mörder, Feuer,
Wasser, Erdbeben oder dergleichen,
sondern eher „bedrohliche Träume,
den Abgrund der Bewußtlosigkeit".
Dann halte sie sich mit Kopfwehmitteln
und Kaffee künstlich wach,
obgleich ihr Körper vor Müdigkeit
nichts anderes wolle als schlafen.
Wenn es dazu komme,
dann sei dies für sie Großalarm.
Dann habe ihre Fähigkeit,
das Leben zu ertragen,
seine (vorläufige) Grenze erreicht.
Dann müsse sie aus ihrer Einsamkeit
ausbrechen und unter Menschen gehen
und jemanden eine Freundlichkeit erweisen.

Dies sei der „einzige Schutz
gegen die Angst“.

Rinser hat recht:
Einigeln hilft nicht,
sich vor den Mitmenschen verbergen
bringt keinen Trost.
Die wohltuende Kraft echter Begegnung
wird dem zuteil,
der dem andern entgegengeht.
Sehnsucht, eingesperrt und abgekapselt,
trägt keine Früchte.
Erst wenn sie auf ein Du hinlangt,
erwachsen ihr Hoffnung und Zuversicht.

Einsame
sind oft voller Sehnsucht;
sie sehnen sich nach Liebe;
sie suchen Zärtlichkeit;
sie langen nach Lob
und Anerkennung.
Vielleicht wären sie
weniger einsam,
wenn sie selbst mehr liebten;
wenn sie selbst sich
der anderen annähmen;
wenn sie freigebiger wären
gegenüber ihren Mitmenschen –
freigebig
liebe-voll
hilfsbereit . . .

Ich versprach dir,
ich werde niemand verraten,
niemand in seiner Einsamkeit
ersticken lassen,
niemand verurteilen.
Ich werde nie mit Menschen spielen.
Die Sehnsucht des Herzens wird
für mich immer heilig sein.

Ladislaus Boros

WENN DIE SEHNSUCHT FLÜGEL HAT . . .

„Der Sonnenblume gleich steht mein Gemüt offen, sehnend, sich dehnend, im Lieben und Hoffen."

Eduard Mörike

„Ichsucht sucht sich. Sehnsucht sucht dich."

Petrus Ceelen

„Wir haben viel stärkere Flügel, als wir glauben.
Wir wagen nur nicht, sie zu entfalten.
Wir wagen nicht zu fliegen."

Luise Rinser

„Ich möchte an deinem Herzen lauschen, mit deiner fernsten Nähe mich vertauschen, wenn goldverklärt in deinem Reich aus tausendseligem Licht all die guten und die bösen Brunnen rauschen."

Else Lasker-Schüler

„Glücklich sind die, die Träume haben und bereit sind, den Preis zu zahlen, damit sie wahr werden."

Kardinal Léon-Joseph Suenens

SEHN-SÜCHTIGE GLÜCK-SUCHENDE

Ob Glücksschweinchen oder Glücksklee, ob Kaminkehrer oder Feuerwerk – irgendwie geht es immer um Glück, um eine glückliche Zukunft, um Wohlbefinden, Gesundheit und Frieden für die kommenden Tage, Wochen und Monate.

Menschen hungern nach Glück, sehnen sich nach Sicherheit und Geborgenheit, möchten am liebsten heute schon wissen, was morgen erst auf sie zukommt, möchten „böse Geister" beschwören und vertreiben, ihnen den Wind aus den Segeln nehmen, sie umstimmen, drohendes Unheil abwenden.

Diese Grundhaltung findet sich bei allen Völkern der Erde. Mit Hilfe von Feuerwerken versuchen beispielsweise die Chinesen, die „bösen Mächte" zu bannen. Die Papuas auf Neuguinea haben es den Chinesen abgeschaut: Auch sie wollen „Übles" vertreiben – mit viel Krach und Lärm in den Wind schlagen; auch sie wollen dem Glück Tür und Tor öffnen . . .

Die Sehnsucht nach Glück und Wohlergehen ist uralt. Der Wunsch, glücklich zu sein, glücklich zu werden, beseelt jeden Menschen. Der einzelne muß sich aber auch immer wieder sagen lassen, daß es nur dann echten Frieden und inneres Glück geben kann, wenn er bereit ist, daran mitzuwirken – vielleicht im Sinne von Präsident John F. Kennedy, der bei seinem Amtsantritt sagte: „Gemeinsam wollen wir die Sterne erforschen, die Wüsten bezwingen, gefährliche Krankheiten ausrotten, die Reichtümer der Weltmeere anzapfen und Kunst und Handel ermuntern . . . Und so, Mitbürgerinnen und Mitbürger, fragt nicht, was euer Land für euch tun kann; fragt, was ihr für euer Vaterland tun könnt! Meine Mitbürgerinnen und Mitbürger in aller Welt: Fragt nicht, was andere Länder für euch tun können; fragt vielmehr, was wir gemeinsam tun können für die Freiheit der Menschen . . . !"

Das Glück und den Frieden finden nur jene, die willens sind, sich um sie zu mühen. Glück und Zufriedenheit bleibt das große Sehnen der Menschen. Es bleibt unser aller Bestreben – verankert in der Überzeugung, daß gläubige Menschen letztendlich niemals ganz unglücklich sind, bleiben sie doch zeitlebens Sehnsüchtige, und Sehnsüchtige wissen: Letztes Glück und letzte Erfüllung findet der Mensch dort, wo alle Sehnsucht ihren Ursprung hat – in Gott.

DIE WELT IST SCHÖN

Weil sie so ist,
wie Gott sie schuf –
voller Wunder und Kostbarkeiten
und Überraschungen.

Weil überall Menschen zu Hause sind –
auch dort, wo wir als Fremde hinkommen:
weil man von niemand
daran gehindert werden kann,
zu träumen, sich nach dem zu sehnen,
was hinter den fernsten Sternen winkt.

Weil es so viele Menschen gibt,
die den Alltag meistern,
die auch dem Grautag einen Farbtupfer
der Freude geben,
die selbst am mürrischen Menschen
noch etwas Liebenswertes finden.

Weil es Menschen gibt,
die andere trösten,
die ihrer Sehnsucht neue Wege weisen,

die auch nach traurigen Tagen
und düsteren Nächten
andere froh und glücklich machen.

Weil es Menschen gibt,
denen man sich an-vertrauen darf,
die einen verstehen,
die zu uns halten –
auch an schweren Tagen.

Weil Kranke wieder gesund,
Hoffnungslose wieder mutig,
Traurige wieder froh werden können –
solange sie nur die Sehnsucht
in ihrem Herzen nicht ersticken.

Weil es keine Entfernungen gibt
zwischen Menschen,
die gut sind,
die einander lieben,
die Sehnsucht nacheinander haben.
Entfernungen werden hinfällig,
wo Menschen einander mögen.

Weil wir auch an jene denken können,
die nicht mehr unter uns sind –
so als wären sie noch bei uns,
indem wir ihnen Gutes wünschen,
indem wir liebevoll an sie denken,
indem wir für sie beten
und sie in unsere Segenswünsche
einbeziehen –
aber auch ihre Fürsprache für
unser Leben erflehen.

Weil jene, die von uns gingen,
uns immer nahe bleiben.
Tote sind niemals tot,
solange man ihrer gedenkt,
solange man sie im Herzen trägt,
solange die Sehnsucht ihrer Liebe
in unseren Herzen wohnt.

MANCHMAL TRÄUME ICH MÄRCHEN AN DEN HIMMEL . . .

Manchmal träume ich Märchen
an den nächtlichen Himmel –
Märchen, die schimmern
wie aus Tausendundeiner Nacht,
aber doch nicht ganz
der Wirklichkeit entbehren.

Manchmal träume ich Sehnsucht
an den nächtlichen Himmel –
Sehnsucht nicht nur
nach fernen Sternen,
sondern auch nach denen,
die ganz nahe sind.

Manchmal träume ich Hoffnung
an den nächtlichen Himmel –
Hoffnung, die mich mutig
meinen Weg weitergehen läßt,
den Weg des Lebens.

Manchmal träume ich Zärtlichkeit
an den nächtlichen Himmel –
Zärtlichkeit, die zwar
von jener Urliebe gespeist wird,
die „weit hinter den Sternen“ wohnt,

die aber auch in Mitmenschen
erfahrbar wird.

Manchmal träume ich mich selber
an den nächtlichen Himmel –
als Stern unter Milliarden
anderer Sterne,
endlose, zeitlose Lichtjahre entfernt,
aber doch dem sehr nahe,
dem das Weltall sein Dasein verdankt.

Manchmal träume ich Gott
an den nächtlichen Himmel –
Gott, den lichten und durchsichtigen,
den segnenden und heilenden,
den allgütigen.

Manchmal träume ich Dinge
an den nächtlichen Himmel,
die auch in meinem Leben
wahr werden könnten.
Es liegt nicht nur an den andern,
wenn sie sich bislang
der Wirklichkeit entzogen . . .

Wenn die Lichter
der Menschen verlöschen
und der Lärm der Welt verstummt,
dann sehen wir die Sterne,
dann hören wir wieder die Stille.
Es gibt Sterne in der Nacht,
die wir noch nie gesehen haben.
Wenn es noch dunkler wird,
leuchten sie.
Hoffnung ist da, ein Ausweg,
denn du siehst weiter.
Du schaust wieder nach oben.
Wenn Angst und Schmerz,
Sorgen, Krankheit und Unfrieden
alles verfinstert haben,
werden die Kinder des Lichtes
dir Sterne anzünden.

Phil Bosmans

DIE KLEINE MAUS MIT DER GROSSEN SEELE

Unter den vielen Tieren der Schöpfung, so beginnt eine wunderschöne Fabel, lebte eine kleine Maus mit einer ganz großen Seele. Manchmal meinte die kleine Maus, sie wäre ein einziges Ohr. Und immer dann, wenn sie so „ganz Ohr" war, wünschte sie sich einen Berg von Watte, um nichts mehr hören zu müssen. Denn was sie hörte, machte ihr Angst; sie glaubte sich von tausend Katzen umstellt.

Manchmal meinte die kleine Maus, sie wäre ein einziges Auge. Und immer, wenn sie so „ganz Auge" war, wünschte sie sich einen Berg von Tüchern, um nichts mehr sehen zu müssen. Denn was sie sah, machte ihr Angst, und sie meinte, sie sitze in einer gräßlichen Falle.

Manchmal meinte die kleine Maus, sie wäre eine einzige Nase. Und immer, wenn sie so „ganz Nase" war, wünschte sie sich ein Faß voll Parfüm, um nichts mehr riechen zu müssen. Denn was sie roch, machte ihr Angst; sie meinte, sie säße mitten im Speck voller Gift.

In ihrer großen Angst ging die kleine Maus zum Schöpfer: „Lieber Gott", sagte sie, „ich habe schrecklich Angst. Ich höre alles, ich sehe alles, ich rieche alles . . ."

„Sag mir, kleine Maus“, erwiderte Gottvater, „ist es die Wirklichkeit, die du hörst, siehst und riechst?“

„Ja, so ist es“, antwortete die kleine Maus mit der großen Seele.

Aber Gottvater widersprach: „Nein, es ist nicht die Wirklichkeit, die dir Angst einjagt, sondern die Fratze der Wirklichkeit. Ich verstehe, daß du Angst hast. Ich brauche deine große Seele, damit das wirkliche Leben zum Vorschein kommen kann. Aber ich will dir helfen, daß aus dem Hören das Begreifen, aus dem Sehen das Erkennen und aus dem Riechen das Empfinden für meine Wahrheit wird!“

Glücklich ging die kleine Maus mit der großen Seele wieder nach Hause; jetzt wußte sie, daß sie wichtig war und voller Kraft – und nicht allein . . .

Nach einer Fabel von Peter Spangenberg

Der Beduine,
der sich in der Wüste auskennt,
tauchte mich in tiefe
Nachdenklichkeit
mit seiner geheimnisvollen Bemerkung:
Es genügt das Fehlen eines Sternes,
damit eine Karawane
die Richtung verliert.

Dom Hélder Câmara

„Ich weiß, daß am dunklen Ende
irgendeines Tages
nur die Sonne ihr letztes
Lebewohl bieten wird . . .
Dies ist mein Gebet,
daß ich erfahren möge,
ehe ich scheide, warum die Erde
mich in ihre Arme rief.
Warum ihr nächtliches
Schweigen zu mir
von Sternen sprach
und ihr Tageslicht
meine Gedanken zur Blüte küßte . . .
Die ganze Nacht wispern die Sterne.
In den Blumen der Wälder
erblüht ihr Flüstern.
Warum kriechen die
Leuchtkäfer im Staub?
Wissen sie nicht,
daß am Himmel Sterne stehen?“

Rabindranath Tagore

Als Gott die Welt erschuf, sah er, daß alles gut war, was er gemacht hatte. Die Tiere zogen in langer Prozession an ihm vorüber: mit Stoßzähnen bewaffnet die einen, mit Krallen oder Panzern die anderen. Es war eine große Zahl wehrhafter Tiere.

Ganz traurig und geduckt stand ein Tier etwas abseits und starrte ängstlich auf die Büffel und Nashörner, die Schlangen, Löwen und Tiger: ein Lamm. Es war wie verloren unter diesen vielen Tieren; und es hatte rein gar nichts, womit es sich hätte wehren können gegen seine Angreifer, geschweige denn, daß es selbst über Wehr-Werkzeuge verfügt hätte.

Traurig klagte es vor dem Schöpfergott: „Warum gabst du ihnen so viele Waffen? Du weißt doch, wieviel Unheil sie damit anrichten können. Sie morden sich gegenseitig – und mir trachten sie alle nach dem Leben . . .“

Da reute es Gott, die Tiere so wehrhaft ausgestattet zu haben, und er sagte zum Lamm: „Was soll ich dir geben zu deinem Schutz?“

Das Lamm schüttelte traurig den Kopf; von der ganzen wehrhaften Ausrüstung der anderen Tiere wollte es gar nichts haben. Es lehnte jedes Angebot ab, das der Schöpfer ihm machte. Ihm stünden keine Waffen, murmelte es traurig.

Da gab ihm Gott Geduld, Demut, Hingabe und Zärtlichkeit – die „Waffen des Friedens“.

Und fortan war das Lamm zufrieden . . .

Nach einer jüdischen Parabel

In den Augen aller Menschen
wohnt eine unstillbare Sehnsucht.
In den Augen der Menschen aller Rassen,
in den Blicken der Kinder und Greise,
der Frauen und Mütter,
der Polizisten und Angestellten,
der Abenteurer und Revolutionäre,
der Diktatoren und Mörder –
auch in den Augen der Heiligen:
in allen wohnt der gleiche Funke
unstillbaren Verlangens,
das gleiche heimliche Feuer,
der gleiche tiefe Abgrund,
der gleiche unendliche Durst nach Glück
und Freude und Besitz ohne Ende.

Dieses Sehnen und Langen,
das alle Wesen spüren,
ist die Liebe zu Gott.
Gott ist unsere einzige Sehnsucht.
Er ist im Innersten aller Kreatur;
er ruft uns in seine Sehnsucht.
Das ist die geheimnisvolle Ausstrahlung,
die von allen Wesen ausgeht . . .

Ernesto Cardenal

THEOLOGIE DER SEHNSUCHT

Der Wiener Theologe Paul M. Zulehner verweist die Sehnsucht des Menschen in die Religion. Von Anfang an habe die jüdisch-christliche Theologie den Grund für des Menschen „maßloses Sehnen" in Gott selbst gefunden – in Gottes Sehnsucht nach dem Menschen: „Ein ungewöhnliches Bild unseres Gottes, den viele von uns eher als Weltbaumeister und Weltpolizist kennengelernt haben – ein sehnsüchtiger Gott, ein Gott, der Sehnsucht hat nach uns Menschen. Ein Gott, der die Weltgeschichte wegen seiner Sehnsucht nach uns in Gang gesetzt hat, der nicht ruht, bis er am Herzen des Menschen ruht . . . Die Widerspiegelung dieser Sehnsucht Gottes nach uns ist unsere Sehnsucht nach Gott. Diese kann aber nicht anders sein als maßlos, weil Gott der Maßlose selbst ist" (P. M. Zulehner, Ungehaltene Hirtenreden, Freiburg 1988).

Wenn dem so ist, wenn die jüdischen und christlichen Theologen recht haben – so folgert Zulehner, dann entpuppt sich „unsere maßlose Sehnsucht und der an sie geknüpfte Überschuß an Sehnsucht gegenüber allen irdischen Erfüllungen als Gottes Art, sich bei uns Menschen nachhaltig in Erinnerung zu halten".

Ein anderer Theologe, Eugen Drewermann, bringt die Verwicklung des Menschen in das Böse mit seinem Wunsch nach Gutem in Verbindung; das Böse lebt sozusagen „von der Sehnsucht nach dem Guten". So in seinem Kommentar zum Markusevangelium. Dort stehen auch die folgenden Sätze: „Wieviel an Liebe, an Verstehen und an Güte brauchen Menschen, um die Träume der Ewigkeit in ihren Herzen wieder zu fühlen? Das ist das eigentliche Problem. Wie erweckt man die Kinder der Städte, die in den Lampionnächten Gezeugten, wieder zum Anblick der Sterne? Wie erweckt man die vom Dröhnen der Discos zerstörten Ohren zum Vernehmen der Musik des Himmels? Wie weitet man die im Kerker der Erde schon Erstickten zur Sehnsucht nach der Unendlichkeit?"

Zeit
ist das Sehnen der Menschen
nach Ewigkeit.
Ewigkeit
ist end-lose Zeit;
Stunden,
Tage,
Wochen,
Monate, Jahre,
Jahrhunderte,
Jahrtausende –
Zeit auf Raten.
Nur die Ewigkeit
ist zeit-los;
nur wer sich nach Ewigkeit sehnt,
hat die Zeit überwunden.
Ewig werden wir einst
bei Gott sein,
wenn er uns heimruft;
wenn er uns jenen Lohn schenkt,
der denen zuteil wird,
die ihn lieben.

Gott ist der Freund
des Schweigens.

Schau,
wie Bäume, Blumen und Gräser
in der Stille wachsen!

Schau,
wie Sterne, Mond und Sonne
in der Stille
ihre Bahnen ziehen!

Mutter Teresa

Herr,
leihe mir ein Stück
deines Mantels,
damit ich alle Menschen
mit der Last
ihrer großen Sehnsucht
darunter berge.

Antoine de Saint-Exupéry

DIE MELODIE DER ZÄRTLICHKEIT

Musik spricht alle Sprachen. Musik ist international. Wer musiziert, löst Spannungen, nimmt Ver-bogenes weg, läßt Ge-krümmtes wieder gerade werden. Musizierende sind offen für Neues, sind empfänglich für die Melodie des andern. Musizierende sind willens, mitzuklingen; sind bereit, sich ein-stimmen zu lassen in das Lied des andern. Musizierende sind voller Sehnsucht nach Ent-spannung, nach Ver-weilen, nach Ver-harren. Musik ist Sehnsucht nach dem, was jenseits unseres Lebens liegt, nach Ewig-Gültigem, nach Zeit-losem. Musik spricht immer auch von Gott, von seiner Zärtlichkeit, seiner Harmonie, seinem Wohlklang. Für Musizierende ist Dissonanz schmerzhaft. Eben weil Musik Harmonie sucht, Harmonie braucht, ist sie ihrem Wesen nach auf Frieden und Versöhnung ausgerichtet. Und wo immer Menschen Gott suchen, suchen sie ein Stück Harmonie, ein Stück Frieden, ein Stück Versöhnung. Wo Gott zum Klingen kommt, wo Gottes Harmonie gesucht und ersehnt wird, kommt die Liebe zum Schwingen; wo die Liebe mitschwingt, wird Sehnsucht zur Zärtlichkeit – und Zärtlichkeit zur Liebe. Gott ist Liebe. Gott ist Zärtlichkeit. Zärtlichkeit und Liebe sind seine Melodien . . .

DER SEHENDE BLINDE

Die folgende Geschichte – eine moderne Parabel – fand ich in einer Arbeitsmappe der KAB/Würzburg.

Ich bin der Blinde, den Jesus nicht geheilt hat; ich hatte lange Zeit niemanden gefunden, der mich geführt hätte, und als ich endlich zum Platz der Synagoge gebracht wurde, war Jesus bereits auf der Landstraße weitergezogen – Richtung Magdala. Bekannte von früher, die inzwischen von ihrer Blindheit geheilt worden waren, versuchten, mich zu trösten, aber die laute Freude in ihren Stimmen tat mir weh. So schwieg ich. Und einer nach dem andern ging seines Weges, zuletzt auch der Junge, der mich zur Synagoge geführt hatte. Ich glaube, er hatte Angst vor meinem Schweigen, vielleicht auch vor der starren Maske meines Gesichtes. Ich blieb noch lange vor dem Bethaus sitzen, bis die Nacht hereinbrach und es kühl wurde. Und da – ich weiß, es klingt seltsam – spürte ich die Sterne. Ja, ich spürte sie auf meinen blinden Augen, auf meiner Haut, überall. Und ich vernahm ihr Flüstern. Genau genommen, müßte ich sagen, ich sah sie, wenn auch verschwommen. Und zwischen den Sternen erblickte ich ein Gesicht. Es war Jesus. Mir schien, als wolle er sagen: „Sei nicht verzagt. Du sollst nicht leer ausgehen. Vom Wunder

der Heilung wurdest du zwar ausgesperrt, jetzt aber sollst du dein Wunder bekommen!"

Seit diesem Abend vor der Synagoge vermischen sich in mir Schönes und Trauriges, Schlimmes und Erhabenes. Ich weine wieder, und ich lache wieder, und ich fing an, andere zu segnen. Manchmal fragen mich meine Freunde – ich meine jene, die schon immer sehen konnten, warum ich so fröhlich sei. Und ich verrate ihnen nichts, auch nicht mein Erlebnis mit Jesus. Sie würden es nicht verstehen. Aber ich erzähle ihnen, daß ich neuerdings die Blumen in mir und die Sterne am Abendhimmel sehe – und auch das Lächeln der Kinder und das Schmunzeln der Alten. Und wenn sie mich weiter fragen, wer ich selber sei, sage ich nicht: Der Blinde, den Jesus nicht geheilt hat, sondern: der Blinde, den Jesus anders heilte als die andern . . .

Jeder einzelne Mensch
hat diese Chance,
weise zu werden –
innerlich wissend.
Jedem wurde aufgegeben,
die Nacht zu durchschreiten
und dem Stern zu folgen.
Dem Stern, dessen Botschaft
Freude heißt
und Hoffnung
und Zuversicht.

Die Weisen aus dem Morgenland
folgten dem Stern,
ver-folgten einen Traum,
ließen sich führen
durch Finsternis und Ungewißheit,
durch Ratlosigkeit und Angst.
Sie hofften stets von neuem,
der Stern werde sie dorthin führen,
wo sie Licht fänden,
Er-leuchtung,
Weisheit.

Laß deine Liebe
wie ein Stern in das Dunkel
meines Schlafes hineinschauen
und wie ein Morgenlicht
mein Erwachen begrüßen.
Laß mein Leben deine Liebe
in sich tragen –
wie die Harfe ihre Musik,
bis ich beides vereint
dir zurückgebe.

Rabindranath Tagore

Wir müssen manchmal
in den Abgrund
des Elends stürzen,
um die Wahrheit zu begreifen –
so wie wir uns auf den Grund
des Brunnens hinablassen müssen,
um die Sterne zu sehen.

Václav Havel

Wer nicht täglich
eine Weile träumt,
dem verdunkelt sich der Stern,
von dem alle Arbeit
und jeder Alltag
geführt sein kann.

Karl Jaspers

Das ist die Sehnsucht:
wohnen im Gewoge und
keine Heimat haben in der Zeit.
Und das sind die Wünsche:
leise Dialoge täglicher Stunden
mit der Ewigkeit.

Rainer Maria Rilke

Liebe schafft Sehnsucht,
bringt Ungewißheit,
schöpft aber auch Hoffnung.
Liebe ist immer unterwegs;
sie ist ein Abenteuer
und ein Wagnis.
Wer Liebe wagt,
kommt ihr näher.
Wer Liebe schenkt,
erhält Liebe zurück.
Liebe lebt von der Liebe,
Sehnsucht auch.

Das Herz des Menschen
sehnt sich nach Licht,
hungert nach Sonne und Wärme.
Das Herz des Menschen
bleibt ungestillt,
solange es auf dieser Erde
haften bleibt.
Das Herz des Menschen
träumt hinein in das Weltall,
sehnt sich
nach unendlichen Weiten
und weitentfernten Stränden.
Das Herz des Menschen
segelt hinauf zu den Sternen
und hinein in unendliche Fernen.
Es langt hinaus nach den Räumen
im endlosen All,
bleibt unerfüllt und ruhelos –
sucht ein Leben lang,
was das Leben niemals geben kann.
Unruhig bleibt des Menschen Herz,
bis es Ruhe findet bei dem,
der allein Ausgangspunkt und Ziel
dieser Sehnsucht ist . . .

Jede Nacht
hat ihre Sterne,
jedes Dunkel
hat sein Licht,
in jeder Düsternis
schimmert eine Kerze –
wenn DU
sie entzündest.

Du erscheinst schön
im Lichtrot des Himmels,
du lebendige Sonne,
die das Leben bestimmt . . .

Du bist schön und gewaltig,
glänzend und hoch über allen Ländern.
Deine Strahlen umarmen die Erde
bis an die Grenze dessen,
was du geschaffen hast . . .

Wenn du auch fern bist,
so sind doch deine Strahlen auf Erden;
du spiegelst dich
im Angesicht des Menschen,
und doch kann man deine Bahn
nicht ergründen . . .

Aus dem „Sonnenlied des Echnaton“

Ich glaube,
daß letztlich alle Sehnsucht
eine Sehnsucht nach Gott,
nach dem Sinngeber
des Lebens ist.
Ähnlich wie die Leere
öffnet die Sehnsucht
unsere Augen für das,
was noch werden kann.
Sie ist visionär
und läßt sich nicht binden
an vorläufige Grenzen.

Ulrich Schaffer

DIE FABEL VOM KLEINEN STERN

Eines Tages kamen alle Sterne des Himmels zusammen, um ein Loblied auf Gottvater zu singen. Es waren Milliarden und Abermilliarden Sterne, und ihr Gesang war wunderschön anzuhören. Ihr vielstimmiger Chor erfüllte die Weiten des Himmels.

Aber da war unter den Abermilliarden Sternen ein ganz kleines, winziges Sternchen. Es fühlte sich ein wenig verloren unter lauter großen, erwachsenen Sternen. Da sagte denn auch schon einer der großen: „Du bist noch viel zu klein, und mitsingen kannst du auch noch nicht. Warte mal schön, bis du erwachsen bist!"

Da setzte sich der kleine Stern auf eine wuchtige Wolkenbank und fing an zu weinen. Just in diesem Augenblick schritt Gottvater durch die Hallen des Himmels, und als er den kleinen Stern erblickte, fragte er ihn, warum er weine.

Der erwiderte: „Ach, die großen Sterne lassen mich nicht mitsingen; und so bin ich ganz allein. Sag mal, lieber Gott, kannst du mich zu meiner Mutter bringen? Ich habe großes Heimweh nach ihr. Vor lauter Sehnsucht bin ich ganz krank geworden . . ."

Dem lieben Gott tat das kleine Sternchen leid. Doch

ehe er etwas sagen konnte, jammerte der kleine Stern schon wieder: „Ich will zu meiner Mutter!“

Verlegen mühte sich Gottvater, dem kleinen Stern klarzumachen, daß auch die anderen Sterne keine Mutter hätten, sondern nur ihn als Vater.

Ganz sachte und behutsam nahm er den kleinen Stern auf seinen Schoß, und der schmiegte sich ganz fest an ihn. Und wie Gottvater ihn dann wiegte, fing der kleine Stern zuerst ganz leise, dann immer kräftiger an zu singen. Und seine zarte Stimme mischte sich ein in den rauschenden Chor der großen Sterne.

Dann, nach einiger Zeit, begann der kleine Stern von neuem: „Alle Kinder haben eine Mutter; und ich will auch eine Mutter haben!“ Als Gottvater nicht antwortete, flüsterte der kleine Stern ihm leise ins Ohr: „Ich mache dich zu meiner Mutter!“ Und seine Augen strahlten vor Glück, als er dem großen Gott einen ganz lieben Kuß gab.

So wurde Gott seine Mutter und ist es bis auf den heutigen Tag geblieben . . .

Nach einer alten Fabel

So wie der Baum nicht endet
an der Spitze seiner Wurzeln
oder seiner Zweige –
so wie der Vogel nicht endet
an seinen Federn
oder mit seinem Flug –
so wie die Erde nicht endet
an ihren höchsten Bergen:
So ende auch ich nicht
an meinem Arm,
an meinem Fuß,
an meiner Haut,
sondern greife unentwegt nach außen
und hinein in den Raum und die Zeit –
und alle Zeit, samt meiner Stimme
und meiner Gedanken,
langt nach Unendlichem.
Denn meine Seele lebt im Unendlichen,
im end-losen Universum der Sterne . . .

Nach Worten eines Cherokee-Indianers

Ich suche etwas,
dessen Namen ich nicht kenne . . .
Eine Unruhe in mir
läßt mich suchen.
Ein Wissen,
daß es mehr geben muß,
hält mich unterwegs.
Suche ich Gott,
suche ich den Sinn,
suche ich mich?
Sind die drei zu trennen?
Ich suche deine Sehnsucht,
um sie mit meiner zu verbinden . . .

Ulrich Schaffer

ADALBERT LUDWIG BALLING,
Mariannhiller Missionar, Jahrgang 1933, von 1959 bis 1965 in der Rhodesien/Simbabwe-Mission, Rektor und Prinzipal einer Station mit High School; 1965/66 Ausbildung als Journalist, Redaktion des Missionsmagazins „mariannhill" (mmm); Informationsreisen auf allen Erdteilen.

WERNER BLEYER,
1933–1992,
Ausbildung als Typograf und Grafikdesigner (BDW). Als Fotograf Autodidakt (Mitglied der PhGF). Lebt und arbeitet von 1954–1956 in Pompei (Süditalien), von 1956–1960 in Frankfurt/Main und seit 1960 wieder in seiner Heimatstadt Freiburg i. Br.

TEXT-BILD-BÄNDE
von Adalbert Ludwig Balling
Fotografie und Gestaltung Werner Bleyer

10. Auflage
(Best.-Nr. 20224)

4. Auflage
(Best.-Nr. 20784)

4. Auflage
(Best.-Nr. 21021)

2. Auflage
(Best.-Nr. 21559)

1. Auflage
(Best.-Nr. 21991)

1. Auflage
(Best.-Nr. 22412)

Jeder Band 96 Seiten, durchgehend zweifarbig
HERDERBÜCHEREI